Hans-Henner Becker · aran stadtgedichte

Hans-Henner Becker, 1955 geboren in Düsseldorf, lebt seit 1994 in Berlin.
Mit dem Schreiben von Gedichten begann er mit 18 Jahren. Die beiden Gedichtzyklen, die in diesem Band zusammengefasst sind, markieren die Phase des Schreibens, in denen die Texte Eigenständigkeit gewinnen, die Intimität eines literarischen Tagesbuches verlieren, hinaus wollen.

Hans-Henner Becker

aran
stadtgedichte

© 2001 Hans-Henner Becker
Satz und Layout: Buch & medi@ GmbH, München
Umschlaggestaltung: Kay Fretwurst
Herstellung: Books on Demand GmbH, Norderstedt
Printed in Germany · ISBN 3-8311-2940-1

aran (1986–1994)

Es sind noch Inseln im Atlantik, schon aber
Projektionen über den Saum der Wahrnehmung
hinaus. Eine arkadische Welt in der Boote, Ruinen,
Bäume, Menschen auf dem Grad zwischen sich und
den Assoziationen, die sie hervorrufen, gemeinsam
fragil schwanken.

stadthaftes (1987–1995)

In zwei Städten geschrieben sind es Zeichensetzun-
gen, empörte, distanzierte, verzweifelte, ironische. Es
ist eine Auseinandersetzung mit dem sinnlich erfah-
renen. Es stehen sich Wahrnehmung und Assozia-
tion zerrend gegenüber.

aran und stadthaftes gehören zusammen.

Hans-Henner Becker im Juli 2001

aran

vorstellung

an der stromlinie
des uhrzeigers
kleine wirbel

es verzahnen erinnerungen
wieder
jene äste alter bäume
verschränken sich

das gesicht im
halbprofil
etwas gischtsalz
über augenbrauen

morgenspaziergang
auf klippen
alle diese
peinlichkeiten
verklärter augenblicke

doch es herrscht
kein widerstand

mehr nicht

nicht mehr
als drei inseln
trägen walen gleich
sie atmen ruhen

nicht mehr
als einen augenblick
zerrt am sehnerv
gesehen die see
frisiert mit hartem kamm
die klippen
mehr nicht

nicht mehr
als die wucht
dieses gedankens
nicht mehr
geworfen in den wind
dem flüchtigen
mehr nicht

drei inseln
leiten die flut
zwischen worte
mehr nicht

oh danny boy

noch
den bitteren geschmack
schwarzen bieres
über der kehle

lider halbgeschlossen
leicht entloteter kopf
und augenpaare hingewendet
zur sängerin

lautloses hören
oh danny boy
entschlüpfen in
nischen aus
ton und wort
oh danny boy

acker

nur die illusion
fruchtbarer erde
duckt sich schützend
zwischen grauen mauern

das feuerwerk
nur eine handbreit
alls andere ist
hochmut und

wenig erdfrucht bricht
aus altem tang

klippen

mühsam vorsichtig
körper schiebt zum rand
schaudernde neugier
vor dem abgrund

das auge
die nase kaum
lugt in die tiefe
gelassen wühlt unten
das weiß
der fels erzittert

dann
vogelneidrückzug

american bar

schwarzes bier
zerrinnt in kehlen
rauchschwaden zersägt
durch wilde töne

american bar
noch die sehnsucht
nach neuer luft

schon ein gruß
an die gegangenen

fischerboot I

schwarzes boot
aus teer
aus haut
und sechs ruder

hemingwayiaden
alltäglich
wg. fisch
wg. öl

ruinenhälfte

graue winter
wurden gesehen
gischtgewaschener

vor wem die furcht
gegen wen das drohen
keine zeichen in ritzen

nur den rücken geöffnet
dem meer dem alten feind
dem essenspender

fischerboot II

ay curragh
wellentänzer
ruhst dich aus
kieloben
mit krummem rücken

gelöcherte erinnerungen
an schwere see
werden geflickt
mit teerhitzeleinen

ay curragh
leichter spötter des meeres
lache nicht zu laut
schon droht der fels
wieder
deiner eitelkeit

baumung

einzigartig
stehst du
baum
anderenortes keines
wortes würdig

äste drehen ehrenrunden
wegen
gischt und wind

nur einige sprosse
übermütig den
blick wagen sie
über graue mauern

hier baum
bist du einzigartig
bemundet könntest du lächeln
über große wälder
anderenortes

o´flaherty

alter mann
heute ohne meer
torfeselgeruch
märchen zwischen
zahnlosigkeit

hinter den augen
den takt der see
unter zerfurchtem
felsgesicht

dein rücken ist krumm
o´flaherty
und nichts blankpoliertes
fassen deine hände

strandgut

du
hochmütiges schiff
entlaubt deiner farbe
wie war der sturm

liegst dort
entrissen der see
hoch oben
ohne zeit

rostrot
ist der trauerflor
kaum bedeckend deinen
geborstenen kiel

nein
keine flut wird dich
erlösen

flut

katastrophen in spalten
gurgelnd geht die
see an land

cocktails
aus tangsandmuscheln
mit salzrand

teilnehmende beobachtung
mein fels wird
insel bald
ufer bald
bald insel

ausflug

hohe zeit der
nostalgie

mann in tweedjacke
schirmbemützt
cordbehost
der wagenführer

besucher aufgeladen
einspänner mit
zwei großen rädern
ausgeliefert
horizontalem regen

schon in gedanken an
wärmenden tee
wir hören alte geschichten
über das haus dort
oder zum beispiel
miss o´flaherty
oder zum beispiel

kneipe

dann
flüssigkeiten zerrinnen
in gesalzenen kehlen

dann
lieder lösen
fußgelenke stimmen
und niemand achtet auf
tonlose fernseher
erhöhte zapfzahl durch
last order

noch auf dem heimweg
hinter ohren
das melodische stakkato
mit bitterer zunge
wird gesungen
das letzte lied

dorf

ort vor der halben burg
geduckte häuser
den abbruch vor augen
goch na'capall

seevögel lästern meckernd
über vergängliches ried

an tagen verdeckt
die gischt
den blick
doch auch die vorstellung
netzt das auge

heimkehr

wieder legt es ab
kaum den hafen verlassend
dort drei gekrümmte rücken
graublauverhangen

wieder ertasten füße
seltengegangene wege

wieder
augen erkennen
unsanfte ebenen

es ist die heimkehr
wieder
dort ungeboren

augensprache

damals ihre augen
vor augen
kurzes verkapseln
verschlungene wege
hinter bäumen
weit von aran

noch nicht ihre augen
vor augen
die ernte
wird sie gelingen
damals schon vor augen

gerade ihre augen
vor augen
zärtlich schließen sich lider
über den augenbrauen scheinbar
die gischtspur

nun ihre augen
hinter meinen
doch mit dem
glanzlosen vergessen
alter bilder

ohne augenblick

talk with kathleen

und nun sitzend hier
voll von geschichten

und sie erzählt
von uraltem und der see
von den wintern
von den vögeln

und ich erzähle
von hier und dort
und dies und dem
und überhaupt

und sie wundert sich
und ich wundere mich

und sie versteht mich nicht
und ich betrinke mich

und während ich
weiterbrabbel
schlummere ich ein
in ihren händen

beobachtung

eh fischer
woran denkst du
draußen im
dümpelnden boot

der see
was erzählst du ihr

welche köder
sind geworfen
von den augen
was soll sein
der fang

eh fischer
narrst du die wogen
ruhiger riemenschlag
draußen im
dümpelnden boot

die liebenden

bewegungen hinter licht
nacktheit am fenster
im halbprofil

kurz durchbricht die
stimme eine
vormittagsruhe

sanft legt sich
stirn auf schulter
es stellt sich ein
schweigen

und

gekreuzte blicke
auf stille see
einige vögel kreisen
lautlos

enger drängt
haut auf haut
einige wolken
erblicken vorüberziehend
die liebenden

präsent

er schenkte
den wind
wenn er ruht selten
hier und
der zerzaußt
dächer frisuren hirne
dort oben

er schenkte
die see
wenn sie ruht selten
hier und
die schaumgekrönt
sich bricht
dort unten

er schenkte
den himmel
den ruhenden
dort

den kleinen stein
verborgen ruht er
in einer schublade
gut versteckt

(rechts hinten)

klippenhaus

wer
hat dich erdacht
dieser hochmut
dich haus am
einsamen hohen ort

nun
du neidest
den schutz derer
sturmgesichert

nun
schützt kein dach
die eingeweide

zwei gelbe blumen
einziger schmuck
des türlosen eingangs

sitzender mann I

leicht die augenbrauen
zusammengezogen
schützen vor der abendsonne
ellenbogen ruht auf knie
kinn ruht auf hand

leicht gebeugt newton trotzend
sitzender mann auf stein
verfolgt mit blicken
das boot zerschneidet den horizont
von links nach rechts

es ist die ruhe eines gedankens
gelassen hinter augen
an einen

springenden delphin

aran-view

wer hat euch verloren
draußen hinter euch
die sonne taucht

aus der ferne
graphische darstellung der
normalverteilung
und das dreimal

ich keuche euch
den atem entgegen
und ihr sendet
den westwind

wer hat euch verloren
draußen hinter euch
schiffe verlorene

der kommende sieht
gebrochene unregelmäßigkeiten
von sturm von meer
sanftes rufen
auch zum trost

und ihr sendet den westwind

vermessenes

nur
nur hier ist es gewesen
hier verlor er
seine flügel
betrachtet stürzt er

nur hier
beweint vom vater
wachsversuche schmelzen
zwischen insel und land

nur dort
der suchende findet
nach schwerem sturm
auf klippe eine
feder

ebbefriedhof

zweimal untergegangener
auch deine letzte ruhe
in fluten versunken
tauchst auf mit
deinen grabsteinen

wenn flut und mond geht
dort in der bucht
dem meer fast verschlossen

wüste nebelgedanken
werden verdaut
mitchipsmitessigundbier

sitzender mann II

als ob er immer schon
dort sitzt er
mann

weißgetünchtes haus
fensterrahmen in meerblau
riedgedeckt
klappstuhl aus holz
klapptisch aus holz
leicht gesalzen
alles stimmt

reflexe auf glatter see
schillernd und
keine brandung herrscht

später
halb geschlossene augen
antworten blinzelnd lichtsignale
aus blinkendem wellenlicht
vom boot aus winkt einer
den kennt er

wahrzeichen

schälst dich
aus wogen dem vergessen
licht vor klippen

gedreht aus dem nebel
verlangst dich
hinter augen

alt wird der mund
verlangen nach worten
ungesagte

mondaufgang am fluß
und du gehst
und lautlos geht das boot

windest dich
in die flut der erinnerung
licht vor klippen

führung

der kopf
welche langsamkeit
er wiegt sich im takt
der ebbe der flut
der ebbe der flut

führt deine hand
an die stirn
läßt finger gleiten
über die wange

führt deinen blick
über hügel kurz
vor der see
das erwachen lindert er
mit rücktraum

kleiner schmerz

durchwandert
die zeit strauchelt
auf wiesen umarmt

dringt durch stein
lautlos verdreht
in äste des haselnußstrauches weiter

noch auf den wellen dümpelt

schon holt aus
das meer atmet
seine schaumkronen
etwas gischt versalzt
das auge

strandläufer

moosiges unter flachen steinen
unerwartete bewegungen im schlick
salzweißheiten lagern auf muscheln
verborgen wachsen perlen

atmen im takt der wellen

warten auf die flaschenpost
gegen den wind treibt das gesicht

windwechsel

lautlos
er tastet um
bäume ihr laub
zittert aber
nur der ruhende
sieht es ihn
wind von dort

und hinterhältig
weht er auch
durch gesichter
klebt letzte wörter
auf gestein

und trügerisch
weht er auch
durch hände
nach der letzten berührung
ertastet die feuchte erde

und fordernd
weht er auch
durch augen
der letzte blick
kehrt wieder

danach herrscht ruhe
nicht und
erleichtertes hoffen
fröstelt wind
aus westen

körpersprache

er öffnet das hirn
einen blauen spalt
nur

und steht
schwankt leicht
windbewegt
auf fels kurz
über der brandung

geht hinter das
blau
das gesicht
es versinkt im sand
vor der haut ist es
leer

überblick

zum grad des horizontes
verstellt sich
der blick

der geschmackssinn rätselt
nach entsprechender frucht

der sehnerv rätselt
nach entsprechender blume

der tastsinn
rätselt oberfläche

nur der mund ist
verschlossen

auf dem grad des horizontes
zwei boote

frühsehen

es ist
der blick aus dem fenster
kurz vor dem frühstück
hin zu den klippen rechts
unter denen
das meer

bewegungslos
unterstützt von den
händen verschränkt im nacken
leicht fröstelnd sichtbar die haut

und folgt der möve
zum hafen am
horizont kreuzt
ein rotes segel

wendezeit

und hält den druck
gegen den wind
mit dem rücken zur see
erinnert werden felsen

die arme verschränkt
langsam der körper
wird bewegt

der schmerz der entfernung wächst
mit schrittengedanken

und ergraut das haar
der blick weit von der see
erinnert werden felsen

einwurf

du
wo blieb der sturm
er den es gab

er
beweis
für jene inseln dort

ich
senke sie in nebel
und sie bleiben

fischerboot III

ay curragh
bekannter wellentänzer
nimmst mich mit
dort herrscht
fester boden

nachsehend
du springst über die gischt
gehst hinter die wellen
dünnhäutiger
spieler

und hier herrscht
fester boden

rudernd

seltsame bewegung
rückwärts dem ziel entgegen
verlassen im blick
auflösen der konturen
wasser zerrt an sehnen

leichte dünung halber weg
kurz
gewendeter kopf atem holen
das land
es nähert sich
die inseln
verlassender horizont

anderort

am ufer des flusses
hier sitzender mann
nach zeiten

die kopfweiden sind
auch pappeln stehen

damals
es stürzte in den fluß
lag später am
steinigen strand
aran

blieb dort
ein lebenmoment
und
fiel zurück ins meer

mühsame rückkehr
der mündung entgegen

kein abdruck gefalteter gedanken
im gras
am ufer des flusses

moment

manchmal schlägt im kopf
der takt der wellen der
schritte der
worte
rücken an rücken
die hände verschränkt

lichtfall

die wolke gibt frei
sonnenmondlicht
trifft stahlhellblau
auf sanfte hügel

und zerrt
die blüten vom ast
betrauert verdorrt

entsetzt sucht das licht
seine wolke
unerkannt

flugstunde

schwankend auf kliffkanten
kurze bewegung des diskuswerfers
in der hand
den gläsernen falter

sie halb geöffnet
ohne daß die faust
ohne daß er achtlos zerspringt
auf hartem fels

und
schleudert ihn hoch
reflektionen
auf zerbrechlichen flügeln
welche zeichen

lufttorkler
kreiselt dann kurz
auf ruhiger see

ein erinnerter raupenblick noch
kühl
zur nachricht
dort auf die insel

und verschwebt langsam
eleganter als der himmel zugelassen
ruhig erreicht er
den grund

andenken

sammlerundjäger
gestrauchelte scherbe
mühsam gefischt aus der
brandung

taschenmesser
weißkreuz auf rotem grund
trennt tang und ton

tempotaschentuchverpackt
für die lange reise
in ein bücherregal

schließlich diese fragen
nach der herkunft
geröteter kopf berichtet

geschwister

kurz hinter der biegung
drei schwäne
vermessen den see

mann treibt esel
auf schmächtiger straße
von hieraus zu sehen

im osten die klippen
reflexe des sonnenuntergangs
in diese stille

kurz hinter der biegung
ein see
die große schwester ruht

heute

abschied

es ist der abschied
dies wohl wissend

zögernd der schritt
auf unsichere planken

kleine regung der hand
noch kein winken

fast verschämt später
das auge kurz hingewendet

zu ihnen
ihr fast nie gewesen

vertrauen

ein kleiner blick
über den zaun der brauen
genügte

und grenzenlos
das vertrauen
auf die unverstellte aussicht
auf den regenbogentag
auf die alten mauern
verwachsen mit dem fels

ein kleiner blick
über den zaun der brauen
hat genügt

nachstellung

und es gab
die sanfte baumlosigkeit
die kurzgewachsenen abenteuer
hinter mauern mörtellos

und es gab
die klippen gischtgewaschen
nur der schrei des vogels
liegt über dem takt
dort unten

und es gab
die schritte vorsichtig
noch tastend über felsen
schon hinter ihnen

stadthaftes

I

straßenbahn

frühe erquickungen bleiben
aus
betäubende gerüche
cocktails aus
nasser wolle und
ammoniak

zweihundert augenpaare
unter strikter Blickvermeidung
nasen versteckt
hinter zeitungen

hände verkrampfen
um halteschlaufen
es gilt das gleichgewicht
zu wahren

nein kein schwanken
im mythischen tanz

aufdringliche laute
untermalen
kreischende bremsbacken

dann die anarchie des
einauseinsteigens

der nothammer mahnt die
drohende katastrophe
und es gibt einen ausweg
den haltewunsch

der pendler

einsam im lindwurm zwischen
deutz und zoobrücke
der pendler
rituelle handgriffe
warnungen vor
zähfließendem verkehr
erinnerungen an das blubbern
von lavaströmen

schaulustige geifern
über den unfall
dort an der abfahrt
was sind schautraurige

später kreisen um
wohnwaben
und suchen nach nischen
um abzuschalten

und später das
warten auf morgen
auf den lindwurm
passive siegfriediaden

kaufnachten

die sprache schlägt
purzelbäume
langersamstag

am besten vor
weihnachtsfesten
noch die reste
fettiger bratwürste zwischen
zähnen und schon
die achtlos gereinigten hände
in wühltischen
orgien in stoff

aber auch humor
platte plastiksocken
rot mit güldenen
schleifchen oder
dekorative trötengel
baumeln von decken und
grinsende dicke männer
in roten roben
in roten mützen

macksowieso erfindet
den christburger
spätes abendmahl

freibad

unter strikter vermeidung
einer präsentation
primärer geschlechtsmerkmale
einbalsamiert die
zu röstende haut
menschen im freibad

geplumste körper noch blaß
in chlortümpel
und niveabälle klatschen
blau
auf rücken und schenkel

winzige radios
quäken den
aktuellen sommerhit

abseits hocken poeten
wütend in
badewannen

anwandlung

noch einmal den schulweg gehen
links der eisladen
drei sorten
vanille erdbeer schoko
im hörnchen
heute eine trinkhalle

daneben der kaufladen
großes durcheinander
schmierwurst neben seife
und eine milchflasche
heute eine kneipe

rechts an der ecke
eine expressreinigung
was war dort einmal

die straße ist schmaler
heute
auch die kleinen abenteuer
im rinnstein
sind fort
anwandlung beendet

glücksgefühle

kontaktaufnahme
unter schwarzlicht
im diskosaund
heute ins kino
morgen kneipe
übermorgen ist noch offen
samstag schopping
sonntag ist nichts los

sie sprechen wenig
sie sind glücklich

stadtstadt

für ewigkeiten
scheinen straßen
scheinen mauern
grün als kurzfristigkeit
auch menschen

doch winterhimmel ist gnädig
grau fordert keine
widersprüche

novemberabend

nasser film auf
straßen und häusern
kragen hochgeschlagen

feuchtigkeit dringt
durch mäntel
durch schuhe
neonlicht in straßenbahnschienen

flüchtige blicke ins halbprofil
schritte
kurz und hastig

ein eiliges lachen
kurz vor der sperrstunde

klamme finger ertasten
den hausschlüssel
wärme stellt sich
nicht ein

wartender mann

zu lässig lehnend am alutresen
zu starker kaffee
zu starker cognac
zu starke zigarette
zäher augenblick
wartender mann

noch vor kurzem
den hörer in der hand
wegbeschreibung aufregung
zäher augenblick
wartender mann

schon das gesicht vor augen
noch den blick auf
die uhr gerichtet
zäher augenblick
wartender mann

hochgeschlagener kragen
lässig lehnend an der hauswand
das taxi hält

überleitung

erwachen kaum
geöffneter lider
noch zwischen träumen
tasten gedanken in den tag

noch verwirrt von den
schemen der nacht
ordnen sich im schädel
butterbrote und fahrpläne

der ritus des aufstehens
wirft seine schatten
voraus

neumond

blaugraues dunkles
in ritzen und
lurch und katze
stehen im wappen und
das meer flüchtet
soweit es geht

dunkler stern
der tümpel und moore
all dies ahnt die stadt
nicht

trügerisch scheinen
die lichter der straßen
viele kragen verdecken
die ohren
nichts spiegelt sich
neben dem licht
der laternenflecken

speisenfolge

freundlich resolut
fragt eine kleine frau
nach meinen wünschen

bickmack mit fritten und koka
tausche taler gegen tablett
die stühle drehbar verankert
besteck als anachronismus
vorsichtig die pappschachtel
wird geöffnet

meine hände ketschuppbeflossen
aus meinem wundwinkel purzeln
reste einer blassgurke
jack the ripper

mein nachbar zermalmt
kleine meteoriten
hühnerfleisch wähnend

siebenminutenacht
undfünzigsekunden
ich erreiche den bus noch

frühlingserwachen

erster tag des
neuen tieschörts
dünne männer mit
geblähten brustkörben
dünne frauen
sehr bunt

es ist der erste warme tag
des jahres

die eisdiele als
balzbühne
eisbecher
fanfaren des frühlings
mit knallbunten tönen

blues im hotel I

erinnerungen kleben
feucht in ritzen
widersetzen sich ruhig
jeder säuberung

ein tropfender wasserhahn
träufelt verdrängte blicke
hinter augen
blindheit folgt

leblosigkeit hat
gegenstände erfaßt
schweigen verstummt

herbststadt

heute untypisches
rotbraunrot
unter farbhimmel
laubfüße

leise gespräche
wind gegen
krebsgedanken

morgen
berührungen enger ängstlichkeiten
geducktes unter niesellicht
verkapseln blicke

flug

nur noch im kopf
die stadt
bald schon
die stammkneipe
der fußballplatz
straßen plätze

nur noch im kopf
überzeichnungen
schwarzweißinbunt

dennoch
keine ansichtskarten
an wände
fremder städte

zentraler platz, 19.30 h

kristallhäuser scheinen zu
glänzend verdunkelt die sonne
risse
dennoch träume
hinter fassaden

gespannte verwirrung
pulsierendes in
straßen ader hirnen
erstaunt fallen gedanken
in bewegungen

kupferhimmel

wochenendausflug

lechzend
die woche überstanden
nun
den ausflug vor augen

dichtgedrängtes vor
imbißbuden
kiosken
eintritten in
freibäder
fantasie-länder

dichtgedrängtes im
kino
stadion
zoo vor
der walschau
den affen
nebeneinander

dichtgedrängtes nur
nicht aufeinander
wegen der kinder wegen
und schon gar nicht jetzt
und hier
und überhaupt

diskofiewa

samstagabend
vergessen sind
drehbänke schreibtische
geübte hände verarbeiten
duftwasser stoffe leder
spieglein an der wand läßt hoffen

und dann gehts ab inne disco
metamorphosen unter schwarzlicht
stunde der körpersprache
es ist zu laut

alte rituale im neuen glanz
dj peischt ein
augenpaare finden sich

zwischendurch mal was langsames
füße nähern sich schlurfend
vorsichtig

später dann wieder
provinztravoltaden
kleine aufmerksamkeit am rande
asbach-kocka
erste balzerfolge
stellen sich ein
die disco leert sich
nur das delirierte hüpfen der
übriggebliebenen bleibt

und auch der morgen danach
profunde dialoge vor
zerlaufener schminke und
stoppelbärtchen
was machst du denn so

bis nächsten samstag dann

urlaub

schon rückt sie näher
die schönste zeit des jahres
fettiggeblättert sind bunte prospekte
exotische namen fremder orte
mit deutscher reiseleitung
versteht sich

begrüßungscocktail mit animatör
denn sie wissen nicht was sie tun
sollen

zwischen apfelsinentanz und
swimmingpuhl
kecke blicke auf
busen hintern hosen
vielgeträumte abenteuer mit
sonnenschutzfaktor

spätsommerliche nachlese
fotographien fettiggeschaut
die schicksalsgemeinschaft lebt
noch elf monate warten

fernsehsamstag

dirndelberocktes in
einbauschränken julihöh
lalaheiterkeit dringt dumpf
in poren und teppichböden

chips finden zwischen
zahnlücken ihr jähes ende
beschwingt schunkelt das paar
jeder allein
zwischendurch
mutter geh noch ein bier holen

abgeschüttelt
werden lottoenttäuschungen
die durststrecke der tagesschau
nur die hoffnung auf
das wort zum sonntag
gibt mut
denn danach kommt der thriller

betriebsausflug

verstohlene blicke im vorfeld
wegen morgen
mit dem bus gehts an die ahr

unverbindlicher werden gespräche
zu hause
umschifft werden klippen
vermuteter abenteuer

erste klärungen im bus
wer sitzt allein

erfreuliches unter tischplatten
ein händchen hier
ein füßchen dort
später drückt knie an knie

und viel wein fließt
gesungen werden alte lieder
und reihen lichten sich
allmählich
rascheln hinter büschen

verstohlene blicke hinterher
auf arbeit
doch hastige zärtlicheiten
werden zerquetscht zwischen
klarsichthüllen

stadt im februar

die stadt glänzt
trügerisch
da ist nichts blankpoliertes
nur nässefilm
aus nieselquelle

gedanken fliehen
auf breitem fluß dort
ruhig suchend neu seine bahn
jahrein jahraus

in straßenbahnen
riecht es
nach nasser wolle
nach kaltem schweiß

gesehen werden fischer
geschleudert wird das netz
träge zieht das boot
kurze wellen ins salzige brack

und
während selbst der schnee
die stadt meidet
verborgen im
schmalen rinnstein
die farbe des strandes
wächst

sperrstunde

noch einen kurzen
noch ein bier
verstohlene blicke zum
nachbartisch
voller neid gieren blicke
in verschränkte hände

noch einen kurzen
noch ein bier

dort hinten
aluminiumlachen
freudig klatschen
dicke hände auf oberschenkel
schneiderschwarz

noch einen kurzen
noch ein bier
und auch
zitternde erregung
es wurde ein freispiel
errungen

dann
ende der vorstellung
morgen ist wiederholung
alle sitzen
in der ersten reihe

wintervogel

dort im park
eisbemäntelter ast
starr neben geschwistern
kein halm mit regung
kein halm mit regung

fades licht der müden sonne
erwärmt nicht
kein laut durchdringt
hellgraue wände

gleich braunem schneeball
aufgeplustert
regungslos
ein schüchterner ton
nur selten

getupfte impression
hebt sich ab
fügt sich ein
dort auf dem ast

der schrei

er zwängt sich
zwischen oberleitungen
vibrierende drähte

er legt sich über
morgennebel
rinnt zwischen
küssenden lippen

er folgt den
straßenbahnweichen
rechts links links

er
er singt im quartett mit
grölenden trinkern
zitternden käufern
seibernden bordellbesuchern

auch
verliert er sich
selten
zerrinnt er vor lippen
schamhaft
verliert er sich
in das raunen
in das flüstern
in das schweigen

warten

zu früh
gräßlichster aller zustände
zeitlose zeit

spazierengehen
kaffee trinken
zeitung lesen
noch einmal spazierengehen

katastrophenpsyche
ärger über zu
langsam
vergehende
zeit

stadt im norden I

erstes tasten
federballworte
über priele
vor mondspiegelungen

stadt im norden II

puppenstube
selbst der deich
vorsicht
frisch gebohnert

wohlfühlereien
lassen umnebeln
und muschelsammeln
und norddeutsch sein

hier soll meine wiege stehen
im dreivierteltakt

er und katze
gefüttert mit Krabben

schließlich
ausgestreckter finger
ins watt

blues im hotel II

hotelzimmer
ein leeres glas
fast

ellenbogen ruht auf knie

pulverkaffee
ohne milch
kurz vor dem morgen

ein blick klebt
noch an der wand
gepflückt
als strohblume
er ruht zwischen den
zeilen

pulverkaffee
ohne milch
kurz vor dem morgen

kopf ruht auf hand

hotelzimmer
ein leeres glas
fast

II

passierende

kleine alte
häßlich bedackelt
leidensweg
mit einkaufswagen

vietnamese
bietet feil
zigaretten
vorräte in plastetüten

männer deutsch
nikegegrellte jogginganzüge
schieben
grünphosphorfarbene kinderwagen

linkische prostituierte
wedelt silbertäschchen
langlederbestiefelt
plus laufmasche

verzweifelt kreischt die U 2
auf alten gleisen

strenge struktur

was fehlt
der duft mandelgeblühtes
am nachmittag
oder orange

was fehlt
das sinnliche knacken
von pistazien auf
heißem sandstein sitzend
oder
was fehlt

was ist
und januar ist
gekahlte äste kalt
und der schrei
der bahn oben kalt
und konopkes bratwurststand
und viel sand kalt

was ist
und hoffnung ist
auf reibungen

der neue

gestellt
zwischen unbekannte mauern
und irrtum der sprache
meinesgleichen
gigantia auf treibsand

staubt auf putzresten
neugierig sind ziegel
doch schon anglisiertes
neonlimonade in quadrophonie

es kreuzen nieselblicke

inwendiges echolot
was ist die wurzel
aus mir

paradies

nirwana genannt
mittagsmenü für
achtfuffzig
ist neu ist indisch
mit suppe vorweg

neupflanzung

drei tage knapp
scheitelüberrragend
neupflanzung in
staubiger allee

das zittern junger äste
neugierig im
februar laubwähnend

geste

frierend an bushaltestellen
oder ubahnstationen
oder gehetzten schrittes eilend
gedanke versprengt
spätsommerlich

leicht streichend über
hüfthohes gras
blinzelt licht durch
laubahnende blätter

es ist diese geste
es ist der handrücken
leichtes streichen über
die stirn
sie kaum berührend
selbstvergessen

der sprung in den
einhundertachtziger gelingt

spekulation

schulheftblatt
in schmutzpfütze
naßklebrigliebesbrief
wörter zu blauwolken
aufsatz
ob hilferuf selbstbezichtigung
verrat abschied
welche neugierde

zusammengefaltet in manteltasche
wir werden sehen

vor zeiten

du gingst glücklich
dies sagend
erster frühling
knospen sprießen
und kühlt der wind

du gingst glücklich
dies sagend
ernster sommer
schmiegt licht in ritzen
ahnungen des südens

du gingst glücklich
dies sagend
herbstniesel
schwebt ein blatt
noch grün schon welk

du gingst glücklich
dies sagend
ein blauer winter
voller scham verdeckt
weiß
den letzen blick

herbst vor berlin

drei birken
eine weide
der bach
und es ist herbst
vor berlin

häupter ragen über
bodennebel
segelnd die körper
leicht
der ast zittert im wind

drei birken
eine weide
der bach

ein radfahrer vermißt den horizont
von rechts von links
und
unter hufen bricht das unterholz
das jahr es geht

drei birken
eine weide
der bach

einschleichung

alter bekannter heute
gelassen sehe
ich dich kommen
bringst diese geschichten
vom meer dort hinter der
haltestelle

im gulli schäumt die brandung
und
eine taube schreit über den klippen

alter bekannter
wir trinken ein bier zusammen
du gehst gelassen
ich gehe gelassen
hinter die wellen
bis zum nächsten mal

flußgedicht anderenortes

ein traum ein kieselstein
dort wandernd in der strömung
am grund des flusses
verschüttet entdeckt
verschüttet entdeckt

ruht aus vor einigen
hindernissen
und eilt fort
stark ist der fluß
der stein einzigartig

kurzer augenblick
unendliche zeit

genaugenommen

genaugenommen
bin ich hier neu
der baum gepflanzt
vor meiner zeit
und das haus

die frau der mann dort
jünger sind sie
oder die auslagen
in jenem geschäft

in öffentlichen verkehrsmitteln
selbstverkleidungen
hiesige zeitung trauriger blick
dennoch
es wird einem angesehen

es wird einem angesehen
es sind nicht pigmente
es sind nicht sprachen

genaugenommen bin ich hier neu

spaziergang

oben
sie sammeln sie
rüsten zur reise
figurenschreiber
unter den wolken

hand greift in laub
drückt gegen rinden
fängt blätter
gelb braun gelb

oder treiben im rinnstein
mit sommerfrachten
wenige drehungen
oben schon
sind sie aus dem blickfeld

spaziergang II

hände vergraben in
jackentaschen
kragen hochgeschlagen
blick nach unten

herbst
das laub hat nicht die
tönung welkender rotbuchen
schon gar nicht im abendlicht

auch nicht ein zugvogel
kreist nein
kein sehnsuchtsvoller blick nach
süden

nicht ein wehmütiger gedanke gleitet
durch das vergangene jahr
natürlich nicht in booten
auf seerosengeschmückten weihern
im sommer
oder
über die aufbrechenden kelche
junger blüten
im frühling
und
schon gar nicht über
glitzernde weißheiten des winters
dem ist nichts
hinzuzufügen

cafe am nachmittag

allein vor
milchkaffee und keks
sechzehnuhr
saxophon
tönt herbst
durch klare fensterscheiben

grüne stachelkugeln
kastanienbaum wartet
gelassen verstecken sie
ihre kerne
noch

wind zerrt schärfer
an chamäleonblättern
fester vorsatz
gefütterte jacke wird
entkellert

plasteschloß

zwischen
verfallener pracht und
termitentürmen
das schloß wächst
scheinbar

gerüst ohne inhalt
verschraubter röhren
illusionsvorhang ockerwände
sogar vorsprungschatten

cyberworld für anfänger
perückte puppe langbekleidet
sie stürzt vom luftdach

es herrscht
kein erstaunen
kein entsetzenschrei
vielstimmig gekehlt

nun ist november
der platz verwaist
es bleibt
die gegenwart fließt
in die kanalisation die spree
fließen träume vergangener
herrschaftlichkeiten

deutsche reise

da fährt einer los
quer durch den nun
ganzen skatverein
das stiefvaterland
mit all seinen schuldscheinen

land der oberlehrer
hier ist die freiheit
radikal
die gerechtigkeit
der massenmord
die liebe die ehre
die treue die vergeßlichkeit
der fleiß das träumen
alles radikal
und dies trotz des
mittelmäßigen wetters

das volk der
überdiesträngeschläger
und mitläufer
kein abgrund ist tief genug

und da fährt einer los
und schreibt sich
quer durch den skatverein

streifung

hinter
fassaden und augen
kurze begegnung auf
langem weg

streifen sich
ausgestreckte hände
kurz zärtlich
den blick nicht
zugewandt

seitlicher wind
sacht vorsichtig
wenig später kurzes
einhalten einatmen

den weg fortgesetzt
hinter fassaden
hinter augen

blumenlehre

du sprichst
eine blume gepflanzt
in das herz
weil münder geflohen
dem schmerz
verlorener kuß

du sprichst
eine blume gepflanzt
in das herz
weil augen geflohen
dem licht
verlorener blick

du sagst
eine blume gepflanzt
in das herz
weil ohren geflohen
dem wort
verlorener gedanke

lychener, 4 h

straße
geleert
etwas neon träufelt
licht in pfützen

in einige köpfen
sonnenregen
und manche einsamkeiten
irgendwo
zwischen rinnsteinen
wartend

ortsbestimmung

dies ist mittendrin
und verfallene fassaden
hansguckindieluft wird
kotig bestraft

eigennamheiten
verwunschener orte
meyers einkaufshop
konopkes bratwurststand
kosmetikstudio im ärztezentrum
oder
verlosungsbetriebe glücksbaron
pop-sails krüger
präsent-für-dich lotto totto
oder
shop zum kietz
andys familiy shop
schau doch mal ‚rein

oder gar
imbiss mal deutsch

die kinder am kollwitzplatz
die kneipen
der kiez

und die ersten grüßen
zurück

schenkung

ich schenke dieser stadt meinen fluß
mit ihm die gelassenheit
eines sonntagsnachmittages
möglicherweise im september

kurz hinter mönchenwerth
folgt der fluß ruhig
seiner richtung

vom rheinpark aus
den strom lasse ich
die stadt
spüren

nun gut

gegebenenfalls leihe
ich ihn ihr
nur
für einen moment
auf probe sozusagen

verwandlung

viel zu dicht
an diesen augen
mit gerade ausgebreiteten flügeln
der schmetterling
in taumelnder bewegung

ihn nimmt bereit auf
das unregelmäßige pflaster

ihn vormals entdeckt
zwischen hohen bögen
backsteinrot umrahmt

und nur einmal im jahr
grüßt flüchtig
ein feuersalamander

bahnhofiges

seltsamer zug
ruhig wartend auf seine
verspätung

alles dreimal
gesagt
hände schmerzen
zärtlich gedrückt

alles dreimal
geblickt
finger gleiten
zärtlich über wangen

es gibt keinen regen
es ist die letzte
bewegung

inhalt

stadthaftes

I